Alexandra Waschner-Probst

66 Spielideen Ethik

5. Auflage 2024

Autor*innen: Alexandra Waschner-Probst
Illustrationen: Corina Beurenmeister, Julia Flasche, Steffen Jähde, Hendrik Kranenberg, Thorsten Trantow
Umschlagfoto: Rudie – Fotolia.com
Covergestaltung: Daniel Fischer – Grafikdesign München
Satz: Fotosatz H. Buck, Kumhausen
Druck und Bindung: PMLS – Print Management Logistics Solutions
ISBN 978-3-403-**07651**-3

www.auer-verlag.de

Vorwort 4

1 Starterspiele
1.1 Alle, die … 7
1.2 Da stimmt was nicht 8
1.3 Eins, zwei, viele 8
1.4 Maschinenführer 9
1.5 Für dich 10
1.6 Maskenwerfen 10
1.7 Drachenjagd 11
1.8 Achterspiel 12
1.9 Hundehütte 12
1.10 Zublinzeln 13

2 Spiele zur Paar- und Gruppenbildung
2.1 Puzzle® 14
2.2 Atomspiel 14
2.3 Internationale Begrüßung 15
2.4 Geier-Meier 16
2.5 Fäden ziehen 16
2.6 Geburtstagsreihe 17
2.7 Inhaltspuzzle 17

3 Brett- und Schreibspiele
3.1 Domino® 18
3.2 Quartett 19
3.3 Bingo® 20
3.4 Memory® 21
3.5 Kreuzwortgitter 22
3.6 Windfahne 23
3.7 Dalli Dalli® 24
3.8 Plakatrallye 25
3.9 Montagsmaler® 26

4 Lernspiele im Klassenverband
4.1 Pole Position 27
4.2 Begriffskim 27
4.3 Arche Noah 28
4.4 Ethikfußball 28

5 Soziale Lernspiele
5.1 Blickduell 29
5.2 Schattenboxen 29
5.3 Unsichtbares Seil 30
5.4 Gerüchte 31
5.5 Nein 31
5.6 Öffentliches Posten 32
5.7 Störe meine Kreise nicht 33
5.8 Alle sind 34
5.9 Berührungspunkte 35

6 Entscheidungen und Meinungen
6.1 Meinungslinie 36
6.2 Meinungsmesser 37
6.3 Rettungsboote 38
6.4 Vier-Ecken-Spiel 39
6.5 Positionskreis 40
6.6 Argumente würfeln 41
6.7 Stimmungsbild 42

7 Darstellende Spiele
7.1 Für mich ist 43
7.2 Wer bin ich? 43
7.3 Standbilder 44
7.4 Begegnungen 45
7.5 Bildergeschichten 46
7.6 Knifflige Fälle lösen 47

7.7 Sprechen verboten 48
7.8 Schattenspiel 48

8 Multikulti-Spiele

8.1 Bao (Afrika/Asien) 49
8.2 Kameljagd (Asien) 50
8.3 Orangenspiel (China) 50
8.4 Afrikanische Mühle 51
8.5 Ioshomi (Türkei) 51
8.6 Shash na panj (Afghanistan) 52
8.7 Schneeballwerfen (Russland) 52
8.8 Nichts hören (Korea) 53
8.9 Gordischer Knoten (Philippinen) 53

9 Schlussspiele

9.1 Umzugskisten packen 54
9.2 Der Schlusssatz macht die Runde 55
9.3 Ordensverleihung 55

Das Fach Ethik bietet sehr viele Möglichkeiten, Spiele im Unterricht umzusetzen. Der Begriff „Spielen" taucht in einigen Lehrplänen sogar explizit auf. Dennoch sollte bei der Unterrichtsvorbereitung immer den Fragen „Warum jetzt ein Spiel?" und vor allem „Mit welchem konkreten Ziel?" Rechnung getragen werden.

- Das spielerische Lernen mit verschiedenen Sinnen fördert das Abspeichern neuer Inhalte.
- Dem Bedürfnis vieler Schüler[1] nach Bewegung wird Rechnung getragen. Bewegung erleichtert zudem das Lernen, da die Konzentrationsfähigkeit wieder hergestellt wird.
- Auflockernde Spiele erhöhen die Leistungsbereitschaft der Schüler und motivieren zur Beschäftigung mit den Lerninhalten.
- Die Schüler werden spielerisch angeleitet, sich eine Meinung zu bilden, andere Meinungen kennenzulernen und sich damit auseinanderzusetzen.
- Spielerische Unterrichtsformen ermöglichen verstärkt den Erwerb sozialer Kompetenzen.
- Durch die spielerische Herangehensweise werden auch Schüler einbezogen, die sich sonst kaum am Unterrichtsgespräch beteiligen.

Es gibt zahlreiche Möglichkeiten, Spiele thematisch in den Unterrichtsablauf einzubinden und dabei verschiedene inhaltliche Bereiche und Kompetenzen abzudecken. Dieses Buch mit seinen 66 Spielideen ist als Fundgrube zu verstehen, die Ihnen dabei behilflich sein kann, Ihre Schüler für bestimmte Inhalte zu motivieren, aber auch eine willkommene Abwechslung und etwas Spaß in den Schulalltag zu bringen. Sie werden sicher auf einige alte Bekannte stoßen, manche Spiele sind Klassiker, andere wurden für den Ethikunterricht abgewandelt oder auch ganz neu entwickelt.

Die vorgestellten **Starterspiele** können zu Beginn einer Stunde bzw. einer Unterrichtseinheit eingesetzt werden, aber auch als Einführung für Spielneulinge oder zur Einstimmung auf darstellende Spielformen dienen. Selbst zur **Paar- oder Gruppenbildung** eignen sich Spielformen, die teilweise auch inhaltliche Einführungen bieten können. **Brett- und Schreibspiele** werden zur Beschäftigung mit konkreten Inhalten, zur Wiederholung und Vertiefung angeboten. Entweder sind diese vom Lehrer komplett vorbereitet, oder die Schüler werden bereits bei der Herstellung beteiligt und entwickeln selbst Spielvorlagen. **Lernspiele im Klassenverband** verfolgen dasselbe Ziel. Mit **Sozialen Lernspielen** lassen sich Konflikte vermeiden oder abbauen, sowie andere Kompetenzen schulen. Hier muss jede Lehrkraft selbst abwägen und entscheiden, welche Spielform für die jeweilige Unterrichtsgruppe geeignet ist. Wichtig ist, dass bei Spielen mit einem „Recht auf Nein" die Schüler nur auf freiwilliger Basis mitspielen. Auch **Entscheidungen zu treffen** bzw. **Meinungen auszutauschen**, ist durchaus spielerisch möglich. Persönlichen Einsatz verlangen **Darstellende Spiele** von den Schülern. Daher gilt auch hier das „Recht auf Nein". **Multikulti-Spiele** aus aller Welt bieten im Klassenzimmer mit Papiervorlagen und Steinen, oder im Freien mit selbst gesuchtem Spielmaterial, viele Möglichkeiten für einen interkulturellen Unterricht, eventuell auch in Form eines Spielzirkels. Die **Schlussspiele** dienen dazu, Unterrichtseinheiten inhaltlich zusammenzufassen oder einzelne Stunden abzurunden.

1 Aufgrund der besseren Lesbarkeit ist in diesem Buch mit Schüler auch immer Schülerin gemeint, ebenso verhält es sich mit Lehrer und Lehrerin etc.

Um Ihnen die Auswahl und Vorbereitung der Spiele zu erleichtern, können Sie sich an folgenden Symbolen orientieren:

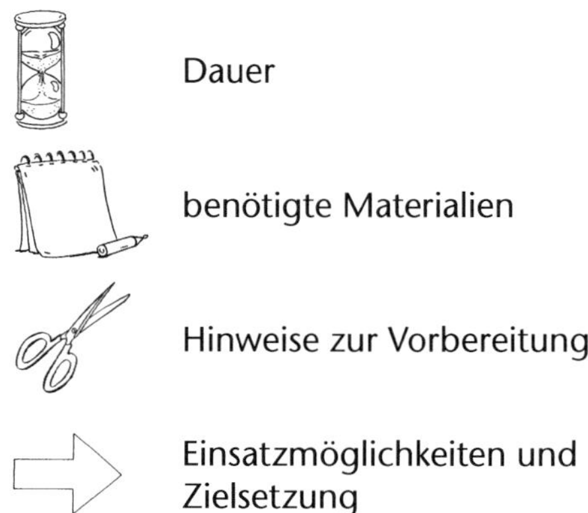

Damit Sie wissen, was Sie für den Einsatz benötigen, sind jeder Spielidee eine kurze **Auflistung benötigter Materialien** und entsprechende **Hinweise zur Vorbereitung** vorangestellt. Die angegebene **Spieldauer** ist nur als Richtwert zur Orientierung angegeben, da diese immer von verschiedenen Faktoren wie Schüleranzahl, Klassenstufe oder Schulart abhängig ist.

An folgenden Symbolen können Sie erkennen, für welche **Sozialform** sich die jeweilige Spielidee eignet:

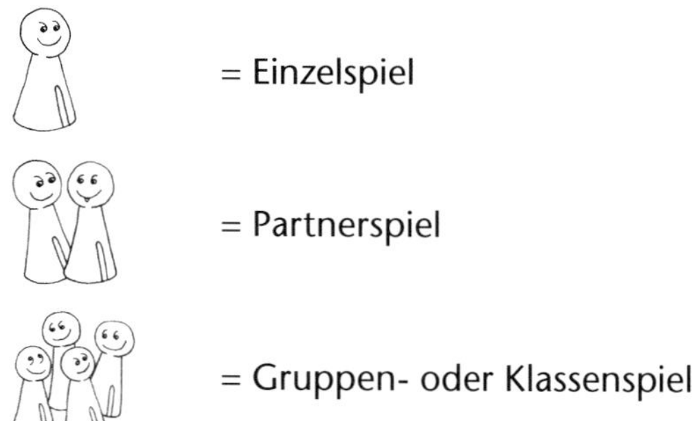

Konkrete Beispiele zu Themen des Ethikunterrichtes runden die vorgestellten Spielideen ab.

Ich wünsche Ihnen und Ihren Schülern viel Spaß beim Ausprobieren der 66 Spielideen und vor allem zahlreiche ethische Erkenntnisse!

Alexandra Waschner-Probst

keine

Formulieren Sie vorab für die angeleitete Variante konkrete Fragen / Aussagen.

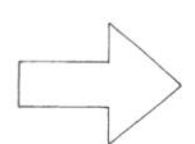
Kennenlernen, Auflockerung, Warm-up oder direkte Hinführung zu einem Thema

freie Variante:
Die Schüler sitzen im Stuhlkreis. Ein Schüler hat keinen Stuhl und steht in der Mitte des Kreises. Der Schüler in der Mitte trifft eine Aussage bzw. stellt eine Frage (ggf. zu einem vorgegebenen Thema). Die Schüler, auf die diese Aussage zutrifft bzw. die die Frage bejahen, stehen auf und laufen zu einem anderen freien Stuhl. Auch der Schüler in der Mitte versucht nun, einen frei gewordenen Platz zu ergattern. Die Person, die während der Tauschrunde keinen Platz findet, stellt sich in die Kreismitte und überlegt sich eine neue Aussage bzw. Frage.

angeleitete Variante:
Der Lehrer stellt konkrete Fragen zu einem Thema. Hier, aber auch in der freien Variante, kann nach den einzelnen Spielrunden nachgefragt werden, warum sich die Schüler so entschieden haben.

- ▶ Alle, die Geschwister haben …
- ▶ Alle mit blonden Haaren …
- ▶ Wer hat heute Morgen gute Laune?
- ▶ Wer war schon einmal in einer Moschee?
- ▶ …

1.2 Da stimmt was nicht

10 Min.

Kl. 5–8

 keine

 keine

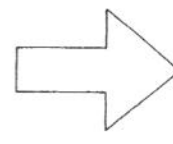 Wahrnehmung, Konzentration, Kennenlernen

Die Schüler stellen sich in zwei Reihen einander gegenüber auf. Jeder sieht sich drei bis fünf Minuten lang seinen Partner ganz genau an. Auf ein Kommando drehen sich alle um, sodass die Partner einander den Rücken zukehren. Dann verändert jeder etwas an seinem Aussehen. Wenn alle fertig sind, drehen sich die Schüler wieder mit dem Gesicht zueinander und suchen die Veränderung an ihrem Gegenüber.

Steigerungsmöglichkeiten:

Es gibt etwas leichter zu entdeckende Veränderungen (Brille abnehmen, Frisur ändern, Jacke ausziehen, ...) und weniger leicht zu entdeckende (Armbänder ans andere Handgelenk, Ringe umstecken ...). Je nach Alter und Spielerfahrung können bis zu fünf Veränderungen vorgenommen werden.

1.3 Eins, zwei, viele

5 Min.

Kl. 5–10

 keine

 keine

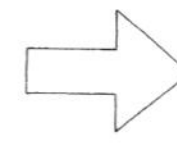 aufeinander achten, Rücksicht nehmen, Konzentration

Die Schüler zählen beliebig in der Gruppe durch. Ein Schüler beginnt mit „Eins", ein anderer führt die Reihe mit „Zwei" fort usw. Wenn zwei Schüler gleichzeitig sprechen, beginnt das Spiel wieder mit „Eins".

1.4 Maschinenführer

10 Min.

Kl. 5–7

 keine

 keine

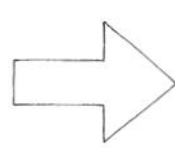 Wahrnehmung, Konzentration, Gruppendynamik

Die Schüler setzen sich in einen Stuhlkreis. Ein Schüler übernimmt die Rolle des „Mechanikers" und geht vor die Tür. Die anderen bestimmen in der Gruppe einen „Maschinenführer". Dessen Aufgabe ist es, Bewegungen vorzumachen, die dann von der gesamten Gruppe übernommen werden.
Der „Mechaniker" kehrt zurück in den Raum und stellt sich in die Mitte des Kreises. Der „Maschinenführer" beginnt nun, möglichst unauffällig eine Bewegung vorzumachen, die von der Gruppe übernommen wird (mit dem Fuß wippen, in die Hände klatschen, sich am Ohr kratzen …). Dabei versucht er unentdeckt zu bleiben. Nach kurzer Zeit ändert der „Maschinenführer" die Bewegung.
Die Aufgabe des „Mechanikers" ist, den „Maschinenführer" aufzuspüren. Er hat dafür aber nur drei Versuche. Wer gewinnt, der „Maschinenführer" mit seiner „Maschine" oder der „Mechaniker"?
In der nächsten Runde übernimmt der „Maschinenführer" die Rolle des „Mechanikers".

1.5 Für dich

  30 Min. Kl. 5–10

 Papier, Stifte, Pinnwand, Stecknadeln

 keine

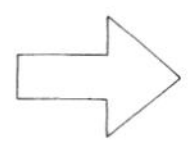 Wahrnehmung, Kennenlernen

Die Schüler gehen paarweise zusammen und interviewen sich etwa fünf Minuten lang gegenseitig. Anschließend verteilen sich alle locker im Raum und jeder malt oder zeichnet ein passendes Geschenk für seinen Partner. Die fertigen Bilder sammelt der Lehrer ein und hängt sie an der Pinnwand aus. Nun müssen die Schüler das für sie bestimmte Geschenk suchen.

1.6 Maskenwerfen

7 Min. Kl. 5–10

 keine

 Bei jüngeren Schülern und ungeübten Gruppen können Sie entsprechend der Schülerzahl Kärtchen mit Gefühlen vorbereiten und diese zuvor verteilen.

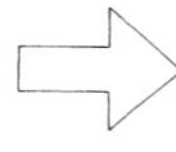 Wahrnehmung, Konzentration, Gruppendynamik

Die Gruppe stellt sich im Kreis auf. Ein Schüler beginnt, indem er durch entsprechende Mimik ein Gefühl ausdrückt. Er nimmt anschließend diese „Maske" ab, ruft den Namen eines anderen Schülers und wirft sie ihm symbolisch zu. Der andere Schüler setzt die Maske auf und sagt laut, welches Gefühl wohl ausgedrückt werden soll. Er rät so lange, bis die Antwort stimmt, dann denkt er sich ein neues Gesicht aus, setzt sich diese Maske auf und wirft sie einem anderen Kind symbolisch zu. Optimal wäre es, wenn alle Mitspieler einmal an die Reihe kämen.

1.7 Drachenjagd

keine

Sorgen Sie für ausreichend Platz.

Die Schüler stellen sich im Kreis auf und stampfen auf der Stelle. Sprechen Sie im Takt der Füße folgenden Text und machen Sie die entsprechenden Gesten vor.

- *Wir gehen jetzt auf Drachenjagd!*
- *Aber wir fürchten uns nicht!*
- *Denn wir haben ein Schwert **(Lanze, Stock, Netz, Zauberstab …)**.*
- *Doch was ist das? (→ Zeigen Sie in die Kreismitte!)*
- *Das ist ein Wald! **(Sumpf, Fluss, Dorf, Teich, Burg … zuletzt: der Drache)***
- *Da müssen wir jetzt durch! (→ Alle stampfen durch die Kreismitte und stellen sich wieder im Kreis auf.)*

Beginnen Sie von vorne und ändern Sie die gekennzeichneten Stellen ab. Beim letzten Durchgang, wenn der Drache in der Mitte liegt, lautet die finale Antwort:

Alle Schüler gehen daraufhin auf ihre Plätze.

Achtung: Bei diesem Spiel kann es etwas lauter und turbulenter zugehen. Am besten legen die Drachenjäger beim Durchqueren der Kreismitte eine Rüstung an, indem Sie die Arme vor der Brust übereinander legen.

1.8 Achterspiel

5 Min.

Kl. 5–8

keine

keine

Lassen Sie die Schüler am Platz aufstehen und sich hinter ihren Stuhl stellen. Jetzt werden der Reihe nach die rechte Hand, die linke Hand, der rechte Fuß und der linke Fuß achtmal ausgeschüttelt und dabei laut mitgezählt. Wenn die Schüler den Ablauf verstanden haben, wird das Tempo erhöht. Im nächsten Schritt werden die Bewegungen auf viermal, dann auf zweimal und schließlich auf einmal reduziert. Im Anschluss wird wieder verdoppelt, bis man bei acht angelangt ist. Das Spiel erfordert Konzentration sowie Koordination und kann durch mehrfachen Einsatz immer weiter gefestigt werden.

Einsatzmöglichkeiten:

nach Schulaufgaben, nach langem Sitzen, als Bruch zwischen zwei Themenblöcken, bei Unruhe unter den Schülern …

1.9 Hundehütte

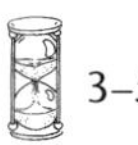
3–5 Min.

Kl. 5–7

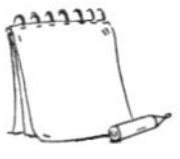
keine

Sorgen Sie für ausreichend Platz.

Teilen Sie die Schüler in Dreiergruppen ein. Zwei Schüler halten sich an den Händen und bilden so die Hundehütte. Der dritte Schüler übernimmt die Rolle des Hundes und stellt sich in diese hinein. Sollte ein Schüler übrig bleiben, ist er ein Hund ohne Hütte. Bleiben zwei Schüler übrig, bilden sie eine leere Hundehütte. Der Lehrer (bzw. der einzelne Hund oder die leere Hütte) geben nun Kommandos. Auf das Kommando „Hund" suchen sich alle Hunde eine neue Hütte, auf das Kommando „Hütte" finden sich die Hüttenteile zu einer neuen Hütte und für einen anderen Hund zusammen. Das Kommando „Hundehütte" heißt, dass sich alle einen neuen Platz suchen, egal ob als Hund oder als Teil einer Hundehütte. Wer übrig bleibt, gibt das neue Kommando.

keine

Bilden Sie mit den Schülern einen Stuhlkreis
[Anzahl der Stühle = (Schülerzahl : 2) +1].

Bilden Sie mit den Schülern einen Stuhlkreis und übernehmen Sie die Rolle des Spielleiters. Das Spiel kann nur mit einer ungeraden Zahl an Schülern gespielt werden. Bei gerader Zahl übernimmt ein Schüler die Rolle des Spielleiters. Eine Hälfte der Schüler setzt sich auf die Stühle. Hinter jeden Stuhl stellt sich ein anderer Schüler. Ein Schüler bleibt hinter einem leeren Stuhl stehen. Dieser versucht nun durch Zublinzeln einen der sitzenden Schüler dazu zu bewegen, auf seinen Stuhl zu wechseln. Der Schüler hinter dem Auserwählten, dem zugeblinzelt wurde, muss aber versuchen, seinen Vordermann zu behalten. Sobald dieser also versucht aufzustehen und den Stuhl zu wechseln, muss er von seinem Hintermann an der Schulter gehalten werden. In einer zweiten Runde können die Rollen der Vorder- und Hintermänner getauscht werden.

Achtung: Bei diesem Spiel kann es etwas lauter und turbulenter zugehen. Leiten Sie die Schüler entsprechend an, damit nicht zu viel Kraft eingesetzt wird und nichts zu Bruch geht.

Am Ende können die durch das Spiel entstandenen Paare weitere Aufgaben bearbeiten.

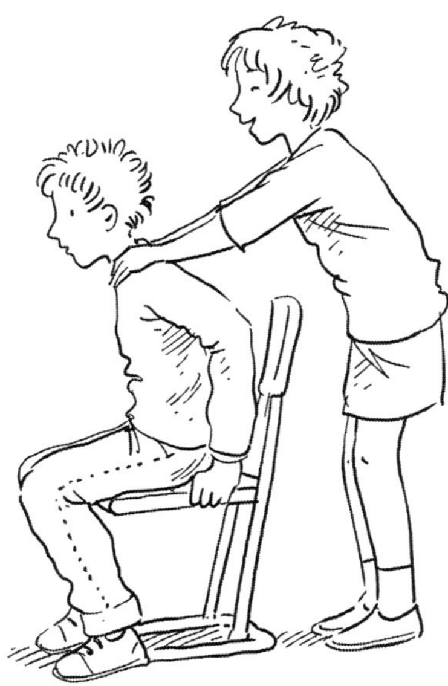

2.1 Puzzle®

7 Min.

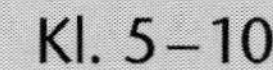

Postkarten, Zeitschriftenbilder, Fotos usw.

Zerschneiden Sie für jede Gruppe ein Bild in so viele Teile, wie sie Mitglieder haben soll.

Mischen Sie alle Teile. Jeder Schüler zieht ein Puzzleteil. Nun dürfen die Schüler im Klassenraum umherlaufen und die Mitschüler suchen, die ein zu ihrem Bild passendes Teil haben. Lässt sich das Bild mithilfe der Einzelteile vervollständigen, ist die Gruppe komplett.

2.2 Atomspiel

5 Min.

Kl. 5–7

keine

keine

Alle Schüler gehen einzeln als „Atome“ im Raum umher. Der Lehrer ruft eine beliebige Zahl und die Schüler bilden so schnell wie möglich „Moleküle“ dieser Größe. Wer übrig bleibt, scheidet aus, gibt ein Pfand oder ruft die nächste Zahl.
Die letzte vom Lehrer gerufene Zahl bestimmt die endgültige Gruppengröße. Die Gruppen, die sich dann gebildet haben, arbeiten fortan zusammen.

Steigerungsmöglichkeit:

Durch die Angaben warm (schnell), kalt (langsam), heiß (sehr schnell), lau (normal) bestimmt der Lehrer die Bewegungsgeschwindigkeit der Atome.

10 Min.
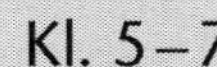
Kl. 5–7

keine

Beschriften Sie je zwei Zettel mit einem Land und einem (evtl. auch erfundenen) diesem Land zugeordneten Begrüßungsritual, sodass für jeden Schüler ein Kärtchen entsteht.

Jeder Schüler zieht ein Kärtchen. Ohne zu sprechen, suchen die Schüler nun nur durch die auf ihrem Kärtchen vermerkte Begrüßungsgeste ihren „Landsmann".
Weil das Spiel sehr lustig ist, können mehrere Runden gespielt werden, bevor die endgültigen Paare für die Weiterarbeit gebildet werden.

Variante Gruppe:
Sie können auch Gruppen mit dieser Methode bilden. Fertigen Sie die Kärtchen dann in entsprechender Anzahl (gewünschte Gruppengröße) an.

Land	Begrüßungsritual
Alaska	Nasen aneinanderreiben
Amazonien	sich gegenseitig mit der Stirn berühren
Arabien	eigene Stirn, Brust, Bauch antippen und verbeugen
China	mit auf der Brust gekreuzten Armen verbeugen
Deutschland	sich die rechte Hand geben
Frankreich	angedeuteter Wangenkuss
Indien	Verbeugung mit gefalteten Händen
Korea	sich mit seitlich anliegenden Armen verbeugen
Russland	schmatzender Bruderkuss (bitte nur andeuten!)
Tibet	Zunge herausstrecken
USA	sich mit den Händen abklatschen („Give me five!")
Vatikan	Handkuss
…	…

2.4 Geier-Meier

5 Min.

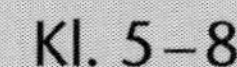

Kl. 5–8

keine

Bereiten Sie Kärtchen mit ähnlich klingenden Familiennamen vor. Die Anzahl der Familienmitglieder richtet sich nach der gewünschten Gruppengröße.

Jeder Schüler bekommt ein Kärtchen mit einem Familiennamen. Diese sammelt der Lehrer vor dem Spiel wieder ein, denn die Schüler sollen laut rufend die Familien im Klassenzimmer zusammenbringen.

Achtung: Bei diesem Spiel kann es etwas lauter und turbulenter zugehen.

Geier, Meier, Dreier, Rheier, Breier, Schleier, Seiher, Weiher, Leier

2.5 Fäden ziehen

5 Min.

Kl. 5–10

Rolle Garn, Schnur oder Wolle

Schneiden Sie für jedes Schülerpaar einen ca. 50 cm langen Faden zu.

Halten Sie das Fadenbüschel locker in der Hand. Jeder Schüler greift sich ein Ende. Nach dem Entwirren der Fäden hat jeder seinen Arbeitspartner.

2.6 Geburtstagsreihe

5 Min.

Kl. 5–10

keine

keine

Definieren Sie eine Linie im Raum; links ist Januar, rechts Dezember. Die Schüler stellen sich nach ihrem Geburtsdatum in einer Reihe auf. Jetzt wird je nach gewünschter Gruppengröße einmal durchgezählt. Dieses Spiel eignet sich zum Beispiel als Einstieg in die Einheit Feste und Feiern.

2.7 Inhaltspuzzle

10 Min.

Kl. 5–10

inhaltlich zusammenpassende Kärtchen

Bereiten Sie je nach Gruppengröße für jede Gruppe Kärtchen vor, die inhaltlich zusammengehören.

Verteilen Sie alle Begriffskärtchen an die Schüler. Diese müssen nun herausfinden, welche Begriffe zu ihrem passen und sich zu einer Gruppe zusammenfinden. Dieses Spiel eignet sich gut zum Wiederholen und als Einstieg in die Weiterarbeit mit einem Thema.

6.–7. Klasse: 16 Schüler in vier Vierergruppen aufteilen

Christliche Feste	Ostern	Weihnachten	Pfingsten
Persönliche Feste	Geburtstag	Hochzeit	Beerdigung
Kulturelle Feste	Volksfest	Maitanz	Oktoberfest
Sachbezogene Feste	Einweihung	Schiffstaufe	Richtfest

9.–10. Klasse: 20 Schüler in fünf Vierergruppen aufteilen

Judentum	Pessach	Thora	Davidstern
Hinduismus	Brahman	Veden	OM
Islam	Ramadan	Koran	Halbmond
Christentum	Ostern	Bibel	Kreuz
Buddhismus	Buddha	Pali-Kanon	Rad

15 – 30 Kärtchen (etwa 4 x 8 cm) für jedes Paar oder jede Gruppe

Bereiten Sie für jede Spielgruppe entsprechend die fertigen bzw. leeren Kärtchen vor.

angeleitete Variante:
Bereiten Sie für die Schüler fertige Lernkärtchen vor. Schreiben Sie auf das erste Kärtchen links START auf das letzte Kärtchen rechts ENDE. Auf die restlichen Kärtchen schreiben Sie Begriffspaare oder jeweils gleiche Begriffe. Teilen Sie die Unterrichtsgruppe ein, es spielen immer zwei bis vier Schüler zusammen. Die Kärtchen werden gemischt, jeder Spieler erhält sechs Kärtchen, die anderen werden verdeckt als Stapel auf den Tisch gelegt. Das oberste Kärtchen wird vom Stapel genommen und für alle sichtbar auf den Tisch gelegt. Der erste Spieler versucht, seine Kärtchen so anzulegen, dass ein sinnvolles bzw. wortgleiches Begriffspaar entsteht. Er darf so lange fortfahren, bis er nicht mehr anlegen kann. Dann kommt der nächste Schüler an die Reihe. Wer nichts anlegen kann, zieht ein Kärtchen vom Stapel. Das Spiel ist zu Ende, wenn alle Kärtchen angelegt sind.

freie Variante:
Die Schüler gestalten in Partner- oder Gruppenarbeit die Spielkärtchen zu einem vorgegebenen Thema selbst. Der Spielablauf ist identisch.

Domino zum Judentum:

START / Symbol; Davidstern / Schrift; Thora / Gottesbild; ein Gott (Jahwe) / Regeln; Zehn Gebote / Laubhüttenfest; Jom Kippur / Menora; siebenarmiger Leuchter / Fest im Frühjahr; Pessach / Ruhetag; Sabbat / Speiseregel; koscher / Gotteshaus; Synagoge / Ur-Vater; Abraham / Staat; Israel / Brauch für Männer; Beschneidung / Inhalt der Thora; fünf Bücher Mose / ENDE

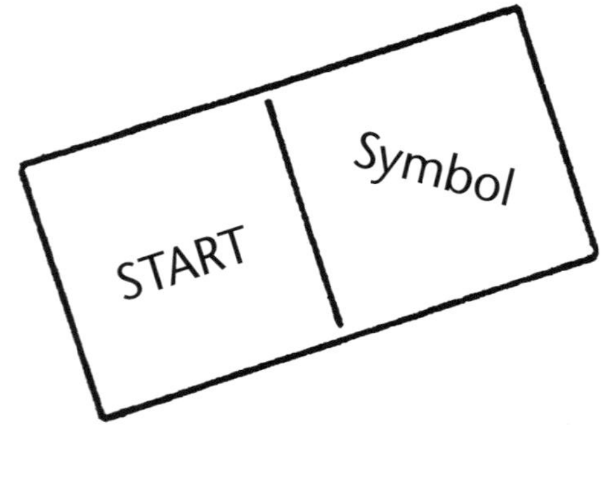

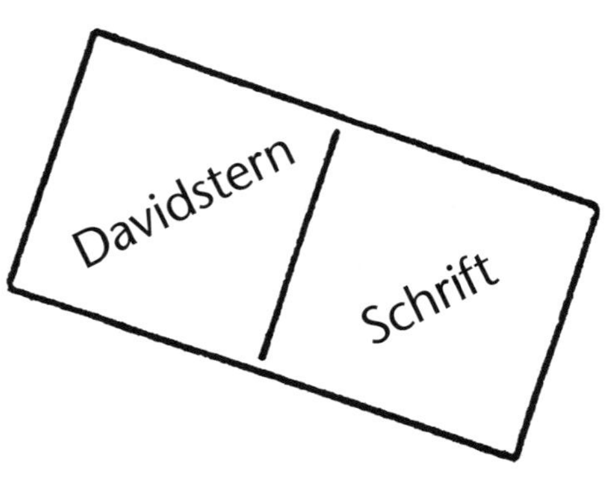

Quartettkarten für jede Gruppe (32 oder weniger)

Je nach Zielsetzung bereiten Sie die Karten vor oder die Schüler erstellen zu einem bestimmten Thema selbst Quartette.

Die Karten werden gemischt und gleichmäßig in der Spielgruppe verteilt. Ein Schüler beginnt und fragt einen beliebigen Mitspieler nach einer bestimmten Karte, die ihm selbst fehlt. Hat der andere Spieler diese Karte, muss er sie an den Fragenden abgeben und dieser darf weiterfragen. Besitzt der Gefragte die Karte nicht, darf er nun die Mitspieler nach ihm fehlenden Karten befragen. Wenn ein Schüler ein Quartett zusammenhat, wird es abgelegt. Gewonnen hat, wer am Ende die meisten vollständigen Quartette vor sich liegen hat.

Weltreligionenquartett:

Gottheiten, Heilige Schrift, Riten und Feiern, Ge- und Verbote

Kniggequartett:

Verhaltensregeln aus „Tischsitten", „Begrüßung", „Kleiderordnung", „Umgang mit Erwachsenen", „Gesprächsregeln", „Verhalten im Klassenzimmer", „Telefonieren", „In fremden Ländern"

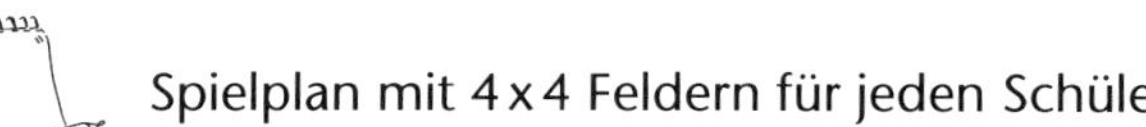

Spielplan mit 4 x 4 Feldern für jeden Schüler

Bereiten Sie für jeden Schüler einen Spielplan und ggf. 16 Begriffe vor.

angeleitete Variante:
Bereiten Sie für die Schüler Spielpläne und 16 fertige Lernkärtchen mit Lernwörtern zu einem bestimmten Thema vor. Jeder Mitspieler überträgt in beliebiger Reihenfolge die Begriffe in den eigenen Spielplan. Ein Schüler übernimmt die Spielleitung, liest die Wörter aus seinem Plan vor und die anderen streichen diese auf ihren Plänen durch. Wer zuerst eine Viererreihe waagrecht, senkrecht oder diagonal durchgestrichen hat, ruft „Bingo" und hat gewonnen.

freie Variante:
Die Schüler gestalten in Partner- oder Gruppenarbeit die Begriffskärtchen zu einem vorgegebenen Thema selbst.

Mögliche Themen:

16 Feiertage
16 Begriffe aus einer Weltreligion
16 Werte
16 Menschenrechte
16 Kinderrechte

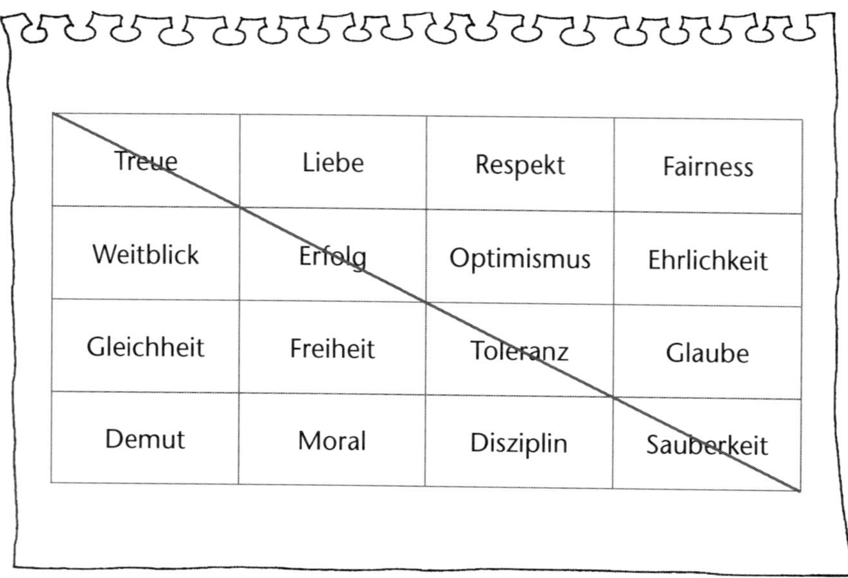

Treue	Liebe	Respekt	Fairness
Weitblick	Erfolg	Optimismus	Ehrlichkeit
Gleichheit	Freiheit	Toleranz	Glaube
Demut	Moral	Disziplin	Sauberkeit

10–20 Kärtchen jeweils 5 x 5 cm groß für jedes Paar oder jede Gruppe

Schneiden Sie eine entsprechende Anzahl von Kärtchen für jedes Paar bzw. jede Gruppe am besten aus Kopierkarton oder Tonzeichenpapier aus.

angeleitete Variante:
Bereiten Sie für die Schüler fertige Lernkärtchen vor und teilen Sie Spielgruppen ein. Es spielen immer zwei bis vier Schüler zusammen. Die Kärtchen werden gemischt und mit der leeren Seite nach oben auf den Tisch gelegt. Der erste Spieler deckt für alle sichtbar zwei Kärtchen auf. Wenn das Paar zusammenpasst, darf er die Kärtchen behalten und noch einmal zwei weitere aufdecken. Bei unterschiedlichen Kärtchen werden diese wieder umgedreht und der nächste Spieler ist am Zug. Gewonnen hat der Schüler mit den meisten Kartenpaaren.

freie Variante:
Die Schüler gestalten in Partner- oder Gruppenarbeit die Spielkartenpaare zu einem vorgegebenen Thema selbst.

Kärtchen mit identischen Begriffen

Kärtchen mit Begriffen und Bildern: Möglichkeiten zur Freizeitgestaltung + passende Bilder aus Zeitschriften, Prospekten oder selbst gemalt;
Verhaltensregeln aus dem Bereich „Tischsitten" + Bild von richtig gedecktem Tisch …

Kärtchen mit Begriffspaaren: Christentum + Weihnachten; Judentum + Pessach; Islam + Ramadan …

Kärtchen mit gegenläufigen Begriffen: Freude + Leid, Liebe + Hass, Erleichterung + Enttäuschung …

3.5 Kreuzwortgitter

 10 Min. **Kl. 5–10**

Spielvorlage für jeden Schüler

Zeichnen Sie ein Feld mit mindestens 10 x 10 Kästchen (jeweils 1 x 1 cm) auf ein Blatt. Tragen Sie etwa 10 Begriffe zu einem Thema waagrecht und senkrecht in das Gitter ein. Die restlichen Felder werden mit beliebigen Buchstaben gefüllt.

angeleitete Variante
Verteilen Sie die Spielpläne an die Schüler. Diese suchen in dem Wortgitter nach Begriffen zu einem Thema oder nach Begriffen zu vorgegebenen Definitionen und streichen sie an.

freie Variante
Die Schüler gestalten selbst Wortgitter zu ethischen Themen und lassen die Mitschüler die Begriffe suchen.

Thema: Kinderrechte

Suche in dem Wortgitter waagrecht und senkrecht nach 10 Kinderrechten:

Kinder haben ein Recht auf …

F	A	B	I	L	D	U	N	G	U
A	S	T	M	R	N	A	M	E	N
M	I	D	E	N	T	I	T	Ä	T
I	K	P	I	N	F	G	P	W	E
L	O	M	N	A	X	S	U	E	R
I	L	Z	U	H	A	U	S	E	H
E	E	K	N	R	C	D	A	B	A
A	B	V	G	U	J	Q	H	V	L
G	E	S	U	N	D	H	E	I	T
S	N	R	D	G	A	S	D	F	G

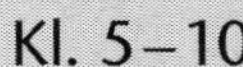

Papier und Stifte

keine

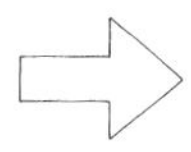

Einstieg oder Zusammenfassung eines Themenbereichs

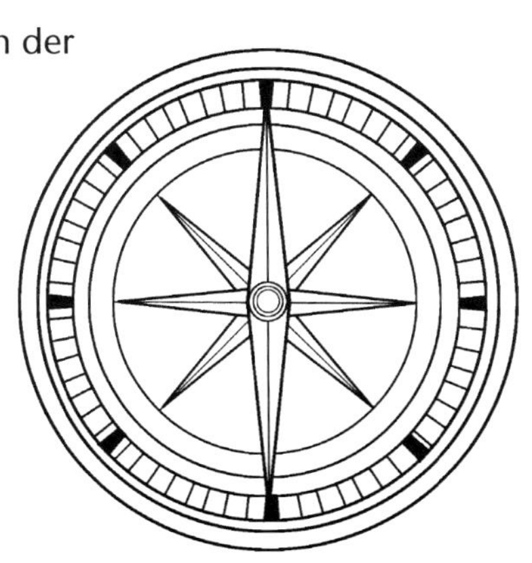

Legen Sie einen vorgegebenen Begriff fest, das kann auch der Name eines Mitschülers sein, und bestimmen Sie die „Windrichtung". Die Schüler schreiben den Begriff/Namen in Großbuchstaben senkrecht auf ein Blatt. Nun ergänzt jeder Schüler Wörter, die zum vorgegebenen Begriff passen. Bei *Windstille* (einfach) genügt es, wenn ein Buchstabe des Begriffs irgendwo in den ergänzten Wörtern enthalten ist. Bei *Westwind* (schwieriger, rechts drehende Windfahne), müssen die ergänzten Wörter mit den Buchstaben des vorgegebenen Begriffs beginnen. Bei *Ostwind* (schwierig, links drehende Windfahne) müssen die ergänzten Wörter mit den Buchstaben des vorgegebenen Begriffs enden.

„Ethik" bei Windstille

BIB**E**L
DIEBS**T**AHL
HOROSKOP
B**I**LDUNG
KIRCHE

„Ethik" bei Westwind

E MPATHIE
T OLERANZ
H INDUISMUS
I NTEGRATION
K ONFLIKTE

„Ethik" bei Ostwind

KINDERRECHT**E**
FREUNDSCHAF**T**
PESSAC**H**
KURBAN BAYRAM **I**
ERNTEDAN**K**

Zettel und Stift für jede Gruppe, Stoppuhr

keine

Teilen Sie die Klasse in Gruppen ein. Diese setzen sich zusammen und bestimmen einen Schreiber. Nennen Sie einen Begriff und die Schüler müssen nun in einer vorher vereinbarten Zeit (2–3 Minuten) alles aufschreiben, was ihnen dazu einfällt.
Anschließend kommt aus jeder Gruppe ein Schüler an die Tafel. Abwechselnd lesen sie ihre Begriffe vor. Für jeden richtigen Begriff, der nur einmal genannt wird, erhält die Gruppe 2 Punkte. Für jeden korrekten Begriff, der mehrfach genannt wurde, wird jeweils 1 Punkt gutgeschrieben.
Um mit der Stoffsammlung weiterzuarbeiten, können die Begriffe an der Tafel oder auf Folie von einem Schüler mitgeschrieben werden.

- Was kann man mit einem guten Freund alles machen?
- Welche Eigenschaften hat dein Vorbild?
- Was verbindest du mit dem Begriff „Familie"?
- Was gehört für dich zum Glück?
- ...

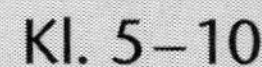

Plakat und Plakatstift für jede Gruppe

Vor Spielbeginn schreiben Sie oder die Schüler das Alphabet auf jedes Gruppenplakat (Q, X, Y können evtl. weggelassen werden).

Die Schüler werden in Gruppen mit etwa fünf Personen eingeteilt. Jede Gruppe erhält ein Plakat und einen Plakatmarker. Der Lehrer nennt das Thema, zu dem Begriffe gesammelt werden sollen. Auf ein Startzeichen beginnen die Gruppen, zu jedem Buchstaben des Alphabets einen zum Thema passenden Begriff aufzuschreiben. Sobald ein Begriff auf dem Plakat ergänzt wurde, wird der Stift an einen anderen Schüler der Gruppe weitergegeben. Das Spiel ist zu Ende, wenn eine Gruppe zu jedem Buchstaben einen Begriff gefunden hat, oder wenn eine festgelegte Zeit abgelaufen ist. Gewonnen hat die Gruppe, die als erste fertig ist oder nach einer festgelegten Zeit die meisten passenden Begriffe gefunden hat.

Thema: Positive Charaktereigenschaften

A ufrichtigkeit

B ildung

C harme

…

M itgefühl

N ächstenliebe

…

Z uneigung

Flipchart und Plakatstift/Tafel und Kreide/Dokumentenkamera, Papier und Filzstifte

Schreiben Sie Begriffe zu einem bestimmten Thema auf Kärtchen.

Die Schüler werden in zwei Gruppen eingeteilt. Abwechselnd kommt von jeder Gruppe ein Schüler nach vorne und zeichnet einen vorgegebenen Begriff an die Tafel o. Ä. Die anderen Schüler müssen herausfinden, welcher Begriff gesucht ist.
Der Schüler, der zuerst den Begriff richtig errät, holt für seine Gruppe einen Punkt.

Variante 1:
Alle Schüler raten.

Variante 2:
Nur eine Gruppe rät, entweder die eigene oder die gegnerische.

Fest- und Feiertage: Ostern, Geburtstag, Weihnachten, Muttertag, Halloween, St. Martin, Nikolaus, Fasching/Karneval, Heilige Drei Könige, Valentinstag, Oktoberfest, Silvester, …

4.1 Pole Position

15 Min. | Kl. 5–10

keine

Bereiten Sie mindestens zehn Fragen zu einem aktuellen Unterrichtsthema oder zum Grundwissen vor.

Je nach Anzahl der Schüler wird die Klasse in vier gleich große Gruppen mit mindestens fünf Schülern eingeteilt. Die Gruppen sitzen in einer Stuhlreihe hintereinander. Jeweils der erste Schüler (= Pole Position) einer Reihe ist am Zug. Stellen Sie eine Frage zum aktuellen Unterrichtsthema oder zum Grundwissen. Der Frontmann, der die Antwort weiß, klatscht in die Hände und sagt dann laut seine Antwort. Die Gruppe darf ihrem Frontmann helfen, indem sie durch „Stille Post" die Antwort nach vorne durchgibt. Wenn das Ergebnis stimmt, setzt sich der Frontmann auf den letzten Stuhl seiner Reihe und alle anderen rücken auf. Gewonnen hat die Gruppe, die zuerst wieder in der Startaufstellung sitzt.

4.2 Begriffskim

10 Min. | Kl. 5–10

Begriffskärtchen oder Gegenstände

Bereiten Sie mindestens zehn Karten mit Begriffen bzw. Bildern vor oder bringen Sie zu einem Thema passende Gegenstände mit.

Legen Sie alle Kärtchen oder Gegenstände zu einem Thema auf einen Tisch. Die Schüler bekommen eine Minute Zeit, sich die Begriffe oder Gegenstände einzuprägen. Danach drehen sie sich um und Sie nehmen ein Kärtchen oder einen Gegenstand weg. Die Schüler sollen dann herausfinden, welcher Begriff oder Gegenstand fehlt. Der Schüler, der das am schnellsten erkennt, ergattert für seine Gruppe einen Punkt.

Variante 1:
Sie nehmen mehrere oder alle Kärtchen / Gegenstände weg. Die Schüler nennen dann reihum, welche Begriffe oder Gegenstände auf dem Tisch lagen.

Variante 2:
Einzelne Schüler verlassen den Raum und müssen sich an mehrere Begriffe oder Gegenstände erinnern, die zwischenzeitlich weggenommen wurden.

4.3 Arche Noah

7 Min. Kl. 5–10

keine

keine

Zum Abschluss einer Unterrichtseinheit wiederholen die Schüler wichtige Begriffe oder grundlegende Inhalte, indem sie der Reihe nach Schlagworte zum Thema sammeln. Dabei wiederholt jeder zunächst alle Schlagworte, die bereits genannt worden sind.

Freizeit sinnvoll nutzen: In meiner Freizeit gehe ich schwimmen, spiele ich Fußball, stricke ich eine Mütze, kümmere ich mich um mein Pferd ...

Werte: Wichtige Werte sind für mich Ehrlichkeit, Toleranz, Höflichkeit, Pünktlichkeit, Zuverlässigkeit ...

4.4 Ethikfußball

10 Min. Kl. 5–8

Fußballfeld mit eingezeichnetem Mittelkreis, Elfmeterpunkt und Tor an der Tafel oder auf einem Plakat; Münze

Zeichnen Sie das Fußballfeld auf und bereiten Sie Fragen zum Unterrichtsthema oder Grundwissen vor.

Die Klasse wird in zwei Gruppen eingeteilt. Jede Gruppe wählt drei Spieler aus. Durch Münzwurf entscheiden Sie, wer beginnt, und stellen danach den Spielern der ersten Gruppe eine Frage. Wird diese richtig beantwortet, wird der Mittelkreis farbig gekennzeichnet, andernfalls geht die Frage an die andere Gruppe (Ballverlust). Wird die zweite Frage ebenfalls richtig beantwortet, wird der Elfmeterpunkt markiert. Ein Tor wird erzielt, wenn auch die dritte Frage richtig beantwortet wird. Die Gruppe, die die meisten Tore schießt, hat gewonnen.

5.1 Blickduell

5 Min.
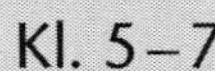

keine

keine

Aggressionen abbauen, bestehenden Konflikten begegnen

Zwei echte „Gegner" oder Schüler, die sich nicht mögen, stellen sich im Raum mit der größtmöglichen Distanz gegenüber auf. Auf ein Kommando gehen sie mit ständigem Blickkontakt sehr langsam aufeinander zu. Sie nähern sich einander so weit, wie sie es aushalten können und ohne sich zu berühren. Anschließend gehen sie langsam, mit Blickkontakt, rückwärts zu ihrem jeweiligen Ausgangspunkt zurück. Wichtig ist ein auswertendes Gespräch mit den Gegnern und der gesamten Gruppe.

5.2 Schattenboxen

5 Min.
Kl. 5–7

keine

keine

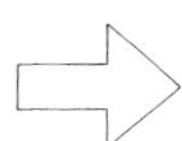
positive Bewegungs- und Kooperationsübung, Aggressionen abbauen

Wählen Sie zwei Schüler aus, zwischen denen es immer wieder Spannungen gibt. Diese stehen sich mit etwa zwei Meter Abstand gegenüber und boxen, ohne sich dabei zu berühren. Jeder muss auf die Aktionen des anderen reagieren. Wichtig ist, dass der Abstand eingehalten wird!

5.3 Unsichtbares Seil

10 Min.

keine

Sorgen Sie für ausreichend Platz.

Teilen Sie die Klasse in eine gerade Anzahl gleich großer Gruppen (am besten mit fünf Mitgliedern), bzw. Paare ein. Beschreiben Sie ein unsichtbares Seil, das vermeintlich am Boden liegt und die unsichtbare Linie, über die der Verlierer gezogen werden muss. Jeweils zwei Parteien treten zum pantomimischen Tauziehen an. Lassen Sie die Schüler ein paar Minuten gewähren, die anderen beobachten, was geschieht und beschreiben dies anschließend. Wichtig ist, dass die beiden Parteien auf das reagieren, was am Seil passiert. Wenn Sie nicht eingreifen, dauert das Spiel vermutlich endlos, da keiner gewinnen kann und keiner nachgeben wird. Formulieren Sie Szenarien und lassen Sie die Schüler erneut antreten.

Mögliche Szenarien:

- Nach einer gewissen Zeit gewinnt einer gegen alle (positives Erlebnis für schwächere Mitglieder der Gruppe).
- Mädchen gewinnen knapp gegen Jungen.
- Erst Gleichstand, dann Vorteil rechts, doch es gewinnt links.

5.4 Gerüchte

15 Min.

Kl. 5–10

eine kurze Geschichte, ein Erlebnis der Schüler

keine

Schicken Sie drei Freiwillige vor die Tür. Bestimmen Sie im Raum einen ersten Nacherzähler. Den anderen erzählen Sie oder ein Schüler eine Geschichte/ein Erlebnis. Der erste Schüler wird hereingeholt. Der Nacherzähler wiederholt die von allen gehörte Geschichte. Dem nächsten Schüler wird die Geschichte vom zweiten Nacherzähler erzählt usw., bis die Geschichte insgesamt viermal erzählt wurde. Lassen Sie die Klasse beschreiben, was geschehen ist. Erzählen Sie zum Schluss noch einmal die Originalgeschichte. Klären Sie mit den Schülern, was bei Tratsch und Gerede herauskommt und wie so etwas zu bewerten ist.

Typische „Spinnen in der Yucca-Palme-Geschichten":
Jemand kennt jemanden, dem etwas passiert ist.

5.5 Nein

5–10 Min.

Kl. 5–10

Musik oder akustisches Signal

keine

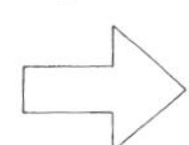

Aggressionen abbauen, Nein-Sagen üben

Die Schüler bewegen sich frei im Raum. Wenn die Musik abbricht oder ein akustisches Signal ertönt, zeigt jeder Schüler auf einen Partner und ruft laut „Nein".

Varianten:
Die Schüler rufen „Du" oder „Ja".

30 Min. | Kl. 5–8

Schreibzeug, DIN-A5-Papier und „Smartphone-Blätter", drei Pinnflächen

Legen Sie für jeden Schüler zwei leere DIN-A5-Blätter und ein Blatt mit einem darauf abgebildeten Smartphone bereit. Das Display soll viel Platz zum Ausfüllen bieten.

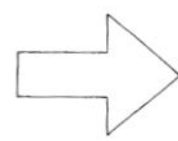

Anregung zum vorsichtigen Umgang mit digitalen Informationen

Jeder Schüler schreibt seinen Namen auf eines der beiden leeren Blätter und ergänzt einen Satz, wie es ihm heute geht. Sammeln Sie die Zettel ein. Jeder Schüler zeichnet von sich ein Selbstportrait auf das zweite leere Blatt und unterschreibt darauf. Sammeln Sie auch diese Zettel ein. Jeder Schüler bekommt nun ein „Smartphone-Blatt" und den Schreibauftrag, zunächst wieder den Namen einzutragen und dann eine Textnachricht an einen Freund zu schreiben mit dem Inhalt, worüber sich der Schüler heute geärgert hat. Sammeln Sie auch die ausgefüllten „Smartphone-Blätter" ein. Pinnen Sie alle Zettel, die Sie im ersten Durchgang eingesammelt haben, an eine Wand. Alle Schüler dürfen alles lesen. Mit den anderen Blättern wird in zwei weiteren Runden ebenso verfahren. Sobald Schüler Protest einlegen, ist der Zeitpunkt erreicht, das Posten von Nachrichten und Bildern im Internet zu thematisieren und Parallelen mit der gerade im Klassenzimmer stattfindenden Aktion herzustellen. Falls kein Protest aufkommt, thematisieren Sie, was hier gerade passiert – denn oft kann die ganze Welt alles lesen.

5.7 Störe meine Kreise nicht

evtl. Straßenkreiden

Sorgen Sie für ausreichend Platz (evtl. im Freien).

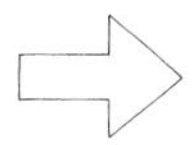
Privatsphäre erkennen und akzeptieren

Teilen Sie die Schülergruppe in Paare auf. Diese stellen sich jeweils in einer Reihe einander gegenüber auf. Auf ein Startzeichen nähern sich die Schüler der rechten Reihe ihrem Partner so weit, bis es diesem unangenehm wird und er „Stopp" ruft. Die Schüler gehen auf ihre Ausgangsposition zurück und versuchen, den Abstandspunkt zum anderen wiederzufinden. Dann werden die Rollen getauscht und die Schüler der linken Reihe nähern sich ihren Gegenübern so weit, bis der jeweilige Partner „Stopp" ruft.

© Archiwiz – Shutterstock.com

Variante 1:
Lassen Sie die Schüler auch von hinten und von der Seite aufeinander zugehen.

Variante 2:
Spielen Sie im Freien. Dann kann jeder Schüler mit Kreide auf dem Boden markieren, wo sein „Kreis" liegt.

Besprechen Sie die Gefühle und Erkenntnisse in der Gruppe.

5.8 Alle sind

45 Min. | Kl. 5–10

farbiges Blatt, Stift und Kleber für jeden Schüler; leeres Plakat für jede Gruppe

Breiten Sie für jede Gruppe Aufgabenkarten mit einer „Alle XX sind …"-Überschrift vor.

Vorurteile abbauen

Teilen Sie eine gerade Zahl von Gruppen mit drei bis fünf Schülern ein. Jede Gruppe bekommt eine Aufgabenkarte, jeder Schüler ein andersfarbiges leeres Blatt im Hochformat und einen Stift. Jedes Gruppenmitglied schreibt nun eine Eigenschaft passend zur auf der Aufgabenkarte vorgegebenen Personengruppe auf sein Blatt, knickt den beschrifteten Teil des Blattes nach hinten und gibt es an seinen rechten Nachbarn weiter. Dieser schreibt einen neuen Begriff auf das Blatt usw. Das geschieht so oft, bis jeder sein Blatt (erkennbar an der Farbe) wieder hat. Hängen Sie in der Zwischenzeit Personenplakate in der Klasse aus, auf denen die Personengruppen der Aufgabenkarten vermerkt sind. In der Gruppe werden die Zettel aufgefaltet und jeder klebt sein Ergebnis auf das passende Plakat. Versammeln Sie sich mit der Unterrichtsgruppe vor den Plakaten und lassen sie alles laut vorlesen. Jeder Schüler merkt sich oder notiert für sich drei Aussagen, mit denen er absolut nicht einverstanden ist und überlegt sich eine Begründung. Dann wird am besten im Stuhlkreis diskutiert.

Tipp: Bei jüngeren Schülern empfiehlt es sich, ein bis maximal zwei Personengruppen zu betrachten. Achten Sie bei der Wahl darauf, dass Sie nicht bestehende Konflikte innerhalb der Unterrichtsgruppe schüren (z. B. Nationalitäten und Religionen)!

- Jungen / Mädchen
- Alte Menschen / Junge Menschen
- Ausländer / Deutsche
- Lehrer / Schüler oder Jugendliche / Erwachsene
- Politiker, Ärzte, Journalisten
- …

akustisches Startsignal (Pfeife, Gong etc.), Kreppklebeband, wasserfester Faserschreiber

Schaffen Sie im Klassenraum eine leere Fläche von mindestens 5 x 5 Metern und markieren Sie die Ränder.

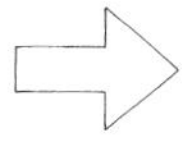
Aufeinander achten

Teilen Sie die Schüler in vier gleich große Gruppen ein. Jeder Schüler bekommt ein Stück Kreppband auf den Arm geklebt. Immer zwei Gruppen stellen sich entsprechend dem Level am „Spielfeldrand" auf. Auf das Startsignal hin laufen beide Gruppen los zur gegenüberliegenden Seite des Spielfeldes. Es geht nicht um Zeit, sondern darum, dass die Schüler sich nicht gegenseitig berühren dürfen. Es gilt rechts vor links. Wer sich berührt, bekommt einen Berührungspunkt auf sein Kreppband gemalt. Die anderen Gruppen oder übrige Schüler spielen Linienrichter. Jede Gruppe absolviert jeden Level einmal. Wenn alle Gruppen durch sind, startet der nächste Level.

Es gewinnt die Gruppe mit den wenigsten Berührungspunkten.

20 Schüler in vier Gruppen zu je fünf Mitspielern

Level 1: Fünf Schüler laufen frontal auf fünf Schüler zu.
Level 2: Zweimal fünf Schüler laufen frontal auf zweimal fünf Schüler zu.
Level 3: Fünf Schüler kreuzen den Weg von fünf Schülern.
Level 4: Aus vier Richtungen kreuzen jeweils fünf Schüler im 90°-Winkel den Weg der anderen.

6.1 Meinungslinie

Platz, Seil / Kreide / Kreppband

Markieren Sie eine möglichst lange Linie im Klassenzimmer oder im Flur. Teilen Sie die Linie in zwei Abschnitte ein, indem Sie den Mittelpunkt (bei einem Seil z. B. mit einem roten Band) markieren, die Enden jeweils mit Pro (+) und Kontra (–) kennzeichnen.
Bereiten Sie entsprechende Fragen oder Thesen vor.

Stellen Sie den Schülern eine Entscheidungsfrage. Entsprechend ihrer Meinung / Entscheidung nehmen die Schüler eine Position an der Linie ein. Dabei können Tendenzen wie „Ich weiß nicht“ direkt auf dem Mittelpunkt, „eher ja“ durch entsprechenden Abstand von der Mitte oder „überhaupt nicht“, direkt am Linienende (–) ausgedrückt werden. Das entstandene Meinungsbild kann nun auf verschiedenen Wegen in der Gruppe besprochen werden:

- Es wird abgezählt, wie viele Schüler sich bei Pro, Kontra und Unentschlossen platziert haben.
- Ein Schüler tritt aus der Linie heraus, beschreibt das Meinungsbild, das er sieht und wagt eine Interpretation.
- Schüler, die freiwillig etwas zur Begründung ihrer Position sagen wollen, teilen dies der Gruppe mit.

Variante für ältere Schüler:
Zunächst erfolgt die Gruppenbildung für Pro und Kontra über eine Meinungslinie. Dann finden die Schüler in Gruppenarbeit Argumente – auch materialgestützt – für die eingenommene Position. Diese werden anschließend in der Klasse vorgetragen oder diskutiert. Am Ende wird eine neue Meinungslinie zum Thema gebildet und es werden eventuelle Verschiebungen thematisiert.

▶ Fühlst du dich wohl in deiner Ethikgruppe?
▶ In meiner Freizeit unternehme ich viel mit meiner Familie.
▶ Piercings und Tattoos finde ich total in Ordnung.
▶ Marihuana sollte in Apotheken frei erhältlich sein.
▶ Darf ein Arzt einem Menschen, der unheilbar krank ist und sterben will, dabei helfen?
▶ …

Seil / Kreide / Kreppband

Markieren Sie eine möglichst lange Linie im Klassenzimmer oder im Flur. Teilen Sie die Linie in 10 Abschnitte in Zehnerschritten von 0° (ein Ende) bis 100° (anderes Ende) ein. Kleben Sie dazu beispielsweise Zettel mit den Zahlen auf den Boden. Bereiten Sie entsprechende Fragen oder Thesen vor.

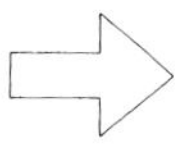

Wertungs- und Häufigkeitsaufgaben, aber auch als Schlussspiel denkbar

Erklären Sie den Schülern, dass sie bei den folgenden Fragen ihre persönliche Bewertung abgeben können. Je mehr sie einer Aussage zustimmen, desto höher ist der Wert, an dem Sie sich aufstellen sollen, 0° bedeutet ganz kalt, also überhaupt nicht, 100° bedeutet sehr heiß, also voll und ganz. Nun stellen Sie Ihre Fragen und die Schüler positionieren sich entsprechend am Thermometer.
Lassen Sie das Meinungsbild wirken. Schüler, die mehr sehen wollen, dürfen kurz heraustreten und sich das Ganze von außen ansehen und den anderen beschreiben, was ihnen besonders auffällt.

Variante:
Zur Abfrage von Häufigkeiten benennen Sie die Zahlen einfach um in %, dann bedeutet 0 nie und 100 immer.

Wertungsfragen:
Es ist besser, viele Freunde zu haben, als ein paar sehr gute.
Ich habe schon eine genaue Vorstellung, was ich beruflich machen möchte.
Ich glaube, dass es einen Gott gibt.

Häufigkeitsfragen:
Wie häufig siehst du in deiner Freizeit fern?
Wie viele Stunden verbringst du in deiner Freizeit am Computer bzw. beschäftigst dich mit deinem Handy?
Wie oft liest du in deiner Freizeit ein Buch?

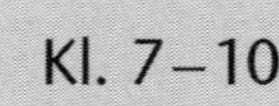

Doppelseiten der Tageszeitung als Boote (in halber Klassenstärke), Besen oder Tafellineal als Paddel, weiße Fahne (Papiertaschentuch) für jedes Boot

Überlegen Sie sich Situationen / Fragen, bei denen die Schüler eine Auswahl aus vielen Alternativen (sehr attraktive und weniger beliebte) haben. Jedes Boot bekommt als Namen eine Antwortmöglichkeit.

Verteilen Sie die „Boote" im Klassenzimmer und erklären Sie, dass alle Schüler Schiffbruch erlitten haben. Stellen Sie eine Entscheidungsfrage. Die Schüler suchen sich das Rettungsboot, das ihnen am meisten zusagt. Jedoch passen in jedes Boot nur zwei Schüler. Also müssen sich die Schiffbrüchigen einigen, wer einsteigt und wer sich ein anderes Boot suchen muss. Um Ordnung und Bedenkzeit zu ermöglichen, bekommen die Schüler von überladenen Booten abwechselnd für zwei Minuten das Paddel. Wer das Paddel hat, darf sprechen und verhandeln. Wer etwas zur Lösung beitragen will, aber in einem anderen Boot sitzt, kann sich durch Schwenken der weißen Fahne bemerkbar machen und darf dann seinen Vorschlag unterbreiten. Schüler, die nachgeben, schwimmen zum Alternativboot. Entweder die Schüler einigen sich und die ganze Gruppe hat gewonnen, oder Sie brechen nach 15 bis 20 Minuten ab. Stoßen Sie eine Reflexion an: Jeder Schüler sollte erklären, wie und warum er in sein Boot gekommen ist. Wer hat nachgegeben und warum? Was passiert, wenn keiner nachgibt? Was kann die ganze Gruppe tun, um die Situation zu entschärfen?

Wenn die Gruppe und Sie Lust und Nerven haben, spielen Sie anschließend eine zweite Runde mit einem neuen Thema. Ändert sich das Verhalten?

7. / 8. Klasse bei 20 Schülern:

Du darfst dir kostenlos ein Kleidungsstück aussuchen! (enges gelbes T-Shirt, Markenturnschuhe, No-Name-Jeans, rosa Winterjacke mit Fellkragen, zehn Paar Socken, Unterwäsche, Designer-Jacke, Gürtel, Kapuzenpulli mit Schullogo, gestreifte Hose, Schlabberpulli)

9. / 10. Klasse bei 22 Schülern:

Du brauchst dringend Geld für deinen Urlaub. Mit welchem zweiwöchigen Ferienjob verdienst du es? (Zeitungen austragen, Parkanlage säubern, Hunde ausführen, für alte Menschen einkaufen gehen, Babysitten, in einer Gärtnerei mithelfen, in einem Klamottenladen mithelfen, Kaugummis vom Pflaster entfernen, im Kindergarten vorlesen, bei einer Baufirma mithelfen, in einem Büro putzen)

keine

Sorgen Sie dafür, dass alle vier Ecken im Klassenzimmer gut erreichbar sind. Bereiten Sie Fragen oder Thesen mit je vier Antworten/möglichen Meinungen vor.

Die Schüler bewegen sich im Raum. Sie stellen eine Frage mit vier möglichen Antworten. Dabei weisen Sie jeder möglichen Antwort eine Ecke des Klassenzimmers zu. Die Schüler gehen in die Ecke, deren Antwort am ehesten ihrer Meinung entspricht. Nach jeder Runde können in der Eckgruppe oder in der Klasse Auffälligkeiten, Gemeinsamkeiten etc. besprochen werden.

Wie kommst du zur Schule? zu Fuß – mit dem Bus – mit dem Fahrrad – mit dem Auto

Was machst du in deiner Freizeit am liebsten? Fernsehen – Sport treiben – mit Freunden treffen – Lesen, Musik hören ...

Wenn du Streit hast, wie verläuft das meistens? Ich gebe nach – der andere gibt nach – keiner gibt nach – kommt immer darauf an

Was ist dir am wichtigsten? Ehrlichkeit – Fairness – Pünktlichkeit–Zuverlässigkeit

Was ist dir für deinen Beruf wichtig? viel Geld verdienen – Spaß haben – Arbeitsstelle in der Nähe finden – nette Kollegen haben

Was ist in einer Partnerschaft am wichtigsten? Vertrauen – Spaß – gleiche Interessen – Toleranz

6.5 Positionskreis

15 Min.

Gegenstand, Bild für die Kreismitte, ein persönlicher Gegenstand von jedem Schüler (Stift, Anhänger, Haarspange, Glücksbringer)

Bereiten Sie einen Fragenkatalog mit bis zu zehn Entscheidungsfragen zu einem Thema vor.

Die Schüler setzen sich in einen Stuhlkreis und nehmen ihre persönlichen Gegenstände in die Hand. Markieren Sie mit Ihrem Gegenstand die Kreismitte. Lesen Sie nun die erste Frage vor. Die Schüler legen in beliebiger Reihenfolge ihren Gegenstand am Boden ab. Bejahen sie Ihre Frage, legen sie ihren Gegenstand so nahe wie möglich in die Kreismitte. Stehen sie Ihrer Frage ablehnend gegenüber, legen sie ihren Gegenstand mit etwas Abstand vor den eigenen Füßen ab. Sind die Schüler unentschlossen, kann das durch Ablegen des Gegenstandes auf halber Strecke ausgedrückt werden. Lassen Sie die Schüler nach jeder Frage zunächst das Gesamtbild beschreiben. Wenn Sie oder auch die Schüler die Lage bestimmter Gegenstände auffällig oder interessant finden, kann beim Eigentümer genauer nachfragt werden. Verfahren Sie mit den folgenden Fragen ebenso.

Vorurteile gegenüber Menschen mit Behinderung abbauen:

1. Gibt es in deinem Bekannten- und Familienkreis einen oder mehrere Menschen mit einer Behinderung?
2. Hast du schon einmal mit einem Menschen mit Behinderung gesprochen?
3. Hast du schon einmal absichtlich weggesehen, als du einem Menschen mit Behinderung begegnet bist?
4. Hast du einem Menschen mit Behinderung schon einmal Hilfe angeboten?
5. Ist es dir unangenehm, wenn du einem Menschen mit Behinderung begegnest?
6. Bist du schon einmal in einem Rollstuhl gesessen?
7. Warst du selbst schon einmal eingeschränkt (Krücken etc.) und auf Hilfe angewiesen?
8. Kannst du dir vorstellen, mit einem Menschen mit Behinderung deine Freizeit zu verbringen?
9. Kannst du dir vorstellen, einen Menschen mit Behinderung in deiner Klasse zu haben?
10. Kannst du dir vorstellen, dich in einen Menschen mit Behinderung zu verlieben?

6.6 Argumente würfeln

15 Min.

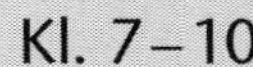

Kl. 7–10

Würfel und Stoppuhr für jede Gruppe, Spielplan für jeden Schüler

Fertigen Sie einen Spielplan mit sechs Thesen zu einem Thema an und vervielfältigen Sie diesen für alle Schüler.

Teilen Sie die Schüler in Gruppen mit etwa fünf Mitspielern ein. Die Schüler würfeln je zweimal. Der erste Wurf bestimmt die Aussage, zu der ein Argument gefunden werden muss. Der zweite Wurf bestimmt, ob die Aussage „dafür" oder „dagegen" sein soll. Alle Spieler schreiben nun ein passendes Argument in das entsprechende Feld. Dazu haben sie eine Minute Zeit. Dann wird in der Gruppe besprochen, wer das treffendste Argument gefunden hat. Dieser Schüler würfelt als nächstes. Ist das gewürfelte Feld bereits ausgefüllt, ist der Schüler mit dem nächstbesten Argument an der Reihe. Das Spiel endet, wenn alle Felder ausgefüllt sind. Andernfalls brechen Sie nach 15 Minuten ab. In der Klasse sollte eine Nachbesprechung erfolgen.

These	Dagegen, weil (1, 3, 5)	Dafür, weil (2, 4, 6)
1 Jeder Schüler sollte ein Handy haben.		
2 Die Nutzung sozialer Netzwerke ist erst ab 16 Jahren erlaubt.		
3 Handys müssen auf dem Schulgelände ausgeschaltet bleiben.		
4 Eltern sollten auf den Handys ihrer Kinder bestimmte Funktionen sperren.		
5 Am Wandertag sind Handys erlaubt.		
6 Während der Unterrichtszeit sollte man sein Handy zuhause lassen.		

6.7 Stimmungsbild

5 Min.

rote, grüne und gelbe Karte für jeden Schüler

Bereiten Sie die Karten in ausreichender Zahl vor.

Verteilen Sie an jeden Schüler je eine rote, grüne und gelbe Karte. Stellen Sie den Schülern Entscheidungsfragen, die sie mit „ja" / „nein" (rot / grün) oder „vielleicht" / „weiß nicht" (gelb) beantworten können. Jeder Schüler hebt seiner Antwort entsprechend seine Karte hoch. Das Ergebnis und Auffälligkeiten können in der Klasse besprochen oder im Unterrichtsverlauf thematisiert werden.

5. / 6. Klasse
Ich kenne schon viele Schüler aus meiner Ethikgruppe.
Ich weiß schon alle Namen.

7. / 8. Klasse
Ich gebe oft nach.
Mir ist es wichtig, dass ein Streit gewaltfrei gelöst wird.
Ich schlage schon mal zu.
Ich werde schnell wütend.

9. / 10. Klasse
Ich bin für Organspende.
Ich habe einen Organspendeausweis.
Ich habe mich schon über das Thema informiert.
Eigentlich weiß ich nicht viel darüber.
Wir haben zu Hause in der Familie schon darüber gesprochen.

7.1 Für mich ist

  5 Min. 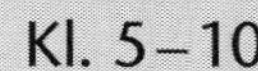 Kl. 5–10

 keine

 Überlegen Sie sich Begriffe, die sich mit einer Körperhaltung darstellen lassen.

Bilden Sie einen Kreis. Die Schüler stehen mit dem Gesicht nach außen. Sie rufen einen Begriff und die Schüler überlegen kurz, mit welcher Körperhaltung sie diesen Begriff darstellen wollen. Dann drehen sie sich zur Kreismitte und nehmen ihre Pose ein.

Feste: Geburtstag, Hochzeit, Karneval, Beerdigung

Freizeitbeschäftigungen: Lesen, Fußball, Schwimmen

Lebensbereiche: Familie, Schule, Arbeit, Freizeit

7.2 Wer bin ich?

  20 Min. Kl. 5–10

 Zettel mit Namen bekannter Personen, Klebeband oder Sicherheitsnadeln

 Bereiten Sie Kärtchen mit Namen bekannter Personen vor, oder lassen Sie dies die Schüler übernehmen.

Bilden Sie zwei Gruppen. Jede Gruppe wählt drei Spieler aus. Der erste Schüler bekommt ein Kärtchen auf dem Rücken befestigt, ohne dass er erfährt, was darauf steht. Die anderen Schüler können das Kärtchen lesen. Mit zehn Entscheidungsfragen muss der Spieler nun herausbekommen, wer er ist. Dabei stellt er eine Frage und ruft einen Mitschüler auf, der ihm darauf antwortet. Wenn die gesuchte Person erraten wurde, ist die zweite Gruppe an der Reihe. Gewonnen hat die Gruppe mit den meisten Treffern.

Altersgemäße bekannte Personen aus dem aktuellen Ethikunterricht, dem Grundwissen oder dem Umfeld der Schüler: Gandhi, Nikolaus, Nietzsche, Kant, Abraham, Knigge, Schulleiter, Hausmeister …

Situationskarten

Überlegen Sie sich Anlässe, zu denen ein Standbild gebaut werden soll und schreiben Sie diese auf Kärtchen. Sie können auch Textstellen verwenden.

Wählen Sie einen (ggf. auch zwei) Regisseure aus und geben Sie ihm eine Situationskarte. Er sucht sich nun aus den Mitschülern die passenden Personen aus und baut mit diesen – ohne zu sprechen – die Situation auf dem Kärtchen nach. Die Mitspieler müssen sich völlig passiv verhalten und alles mitmachen. Wenn das Bild fertig ist, bleibt es etwa eine Minute eingefroren. Die anderen Schüler gehen herum, sehen sich alles an, ohne das Bild zu berühren oder zu verändern. Dann beschreiben sie, was sie sehen und welche Situation sie vermuten. Sie können auch Überschriften zu dem Bild finden lassen. Dann wird der Regisseur zu seiner Intention befragt. Eventuell können Verbesserungsvorschläge oder Änderungswünsche am Bild vorgenommen werden.

Variante für erfahrene und ältere Schüler:
Lassen Sie parallel in Gruppen Standbilder zum gleichen Thema erstellen. Der Vergleich gibt viel Gesprächsstoff.

Mögliche Situationen:

- Eltern streiten sich mit dem Sohn
- Eine Schülergruppe und ein Außenseiter
- Ein Jugendlicher hilft einem alten Menschen
- Wie ich mir eine glückliche Familie vorstelle
- Mann-Frau-Beziehung
- Krieg und Frieden
- Armut
- …

15 Min.

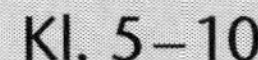

Kl. 5–10

keine

Bereiten Sie entsprechend der Schülerzahl paarweise Kärtchen mit Rollen und Situationsbeschreibungen vor.

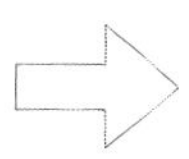

einfaches, offenes Rollenspiel; Spiel mit „Recht auf Nein“

Teilen Sie die Unterrichtsgruppe in Paare ein und geben Sie jedem Paar eine Rollen- und Situationsanweisung. Bei großen Gruppen können Situationen auch doppelt bzw. mehrfach vergeben werden. Die Schüler bereiten sich für ihr Treffen vor. In loser Reihenfolge treffen sich die Paare und spielen ihre kurze Begegnungsszene. Die anderen Schüler versuchen herauszufinden, was da los ist. Die Situationen bieten viele Ansatzpunkte zur Besprechung und Weiterführung im Unterricht, zum Beispiel einen Vergleich von doppelt besetzten Situationen.

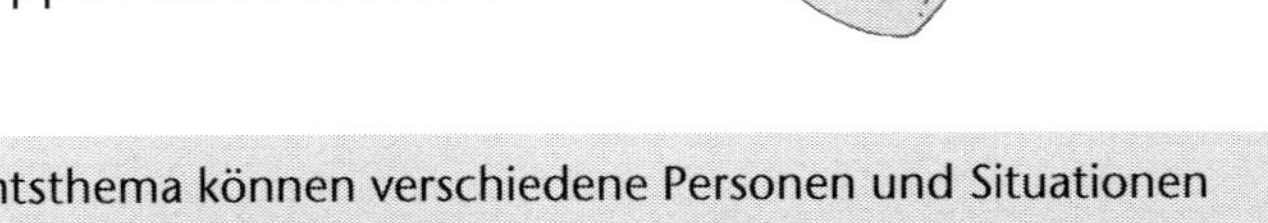

Je nach Altersstufe und Unterrichtsthema können verschiedene Personen und Situationen vorgegeben werden.

5./6. Klasse:
- Ein neuer Schüler trifft zum ersten Mal einen neuen Klassenkameraden
- Ein Kind kommt mit schlechter Note zum Vater nach Hause

7./8. Klasse:
- Zwei Freunde, die Streit hatten, treffen sich wieder
- Ein Kind kommt viel zu spät nach Hause und trifft auf die Mutter

9./10. Klasse:
- Azubi und Personalchef treffen aufeinander
- Ein Junge trifft seine große Liebe

Bild einer beliebigen Person für jeden Schüler, Situationskarten, Papier, Stifte

Suchen Sie Fotos und Zeichnungen von Personen aus Zeitungen und Zeitschriften. Überlegen Sie sich konfliktträchtige Situationen.

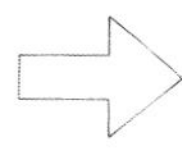
einfaches, offenes Rollenspiel; Spiel mit „Recht auf Nein"

Teilen Sie die Schüler in Gruppen von drei bis fünf Personen auf. Jeder Schüler erhält ein Bild und ein Blatt Papier und überlegt sich für seine Person einen kurzen Steckbrief (Name, Alter, Beruf, Hobbys ...) sowie drei markante Eigenschaften und schreibt dies auf das Blatt. Dann überlegen sich die Schüler, was passiert, wenn sich ihre Personen in der vorgegebenen konfliktträchtigen Situation treffen, wie ein möglicher Konflikt entsteht und wie sich die Personen im Einzelnen verhalten. Jede Gruppe spielt nun ihre „Bildergeschichte" den anderen vor. Die Situationen bieten viele Ansatzpunkte zur Besprechung und Weiterführung im Unterricht.

Situationen: Supermarktkasse, Volksfest, Wartezimmer, S-Bahn, Bushaltestelle, Campingplatz, Fahrstuhl ...

Möglicher Konflikt: Eine aufgetakelte junge Frau drängelt an der Supermarktkasse. Vor ihr steht eine ältere Dame, hinter ihr ein mürrischer Mann. ...

7.6 Knifflige Fälle lösen

Situations- und Rollenkarten

Bereiten Sie konkrete Konfliktsituationen mit Rollenanweisungen in der Du-Form vor.

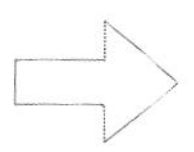

angeleitetes Rollenspiel, Spiel mit „Recht auf Nein"

Teilen Sie die Klasse in Gruppen ein und verteilen Sie je nach Intention die gleiche Situation an alle oder geben Sie jeder Gruppe einen anderen Fall. Die Gruppe bestimmt zwei Spieler und überlegt sich einen möglichen Gesprächsverlauf. Dieser wird in der Klasse vorgeführt und die anderen Gruppen beobachten, was passiert.

Variante:
Zwei Schüler können sich auch kurz in die Rollen einlesen und dann spontan vorspielen. Wichtig ist hier jeweils eine Nachbesprechung mit alternativen Lösungsvorschlägen und einer Analyse der Gesamtsituation.

Martin:

Du bist Martin und Mathematik ist nicht dein bestes Fach. Dein Freund Tobias ist aber ein Mathe-Ass. Am Nachmittag vor der nächsten Klassenarbeit lädt er dich ein, mit ihm sein neues Computerspiel auszuprobieren. Du lässt dich darauf ein, sagst aber zu deiner Mutter, dass ihr für den Mathematik-Test lernen wollt. Als ihr die Arbeit zurückbekommt, hast du eine schlechte Note. Auf dem Nachhauseweg überlegst du, wie du das deiner Mutter erklärst.

Mutter:

Dein Sohn Martin ist schlecht in Mathe, daher freust du dich, dass er am Nachmittag vor der Arbeit mit seinem Freund Tobias noch lernen will. Ein paar Tage später triffst du die Mutter von Tobias beim Einkaufen. Sie erzählt dir, dass die beiden den ganzen Nachmittag vor dem Computer verbracht haben. Du bist enttäuscht von deinem Sohn.

7.7 Sprechen verboten

10 Min. | Kl. 5–10

Rollenkarten

Bereiten Sie Rollenkarten für die gewünschten Situationen vor.

Suchen Sie Schüler, die freiwillig etwas vormachen möchten. Diese ziehen eine Rollenkarte und spielen pantomimisch, also ohne zu sprechen, die Anweisung vor. Das Ganze kann auch als Wettbewerb zwischen Gruppen abgehalten werden.

Thema Islam: Freitagsgebet, Pilgerreise, Almosen geben, Fasten, Alkoholverbot

Gefühle darstellen: Wut, Trauer, Freude, Ärger, Überraschung

7.8 Schattenspiel

2–3 Std. | Kl. 5–10

Overhead-Projektor, dünne Pappe, Kleber, Holzstäbchen, Klebeband

Suchen Sie geeignete kurze Texte (vorlesbar in fünf bis sieben Minuten), die sich gut szenisch darstellen lassen.

Teilen Sie die Klasse in Gruppen ein und verteilen Sie die Texte. Die Schüler überlegen, welche Figuren und Requisiten sie für ihren Text benötigen und stellen diese im Laufe von ein bis zwei Unterrichtsstunden mit den bereitliegenden Materialien her. Die Schüler entscheiden selbst, ob sie Rollen sprechen wollen oder einfach nur einen Vorleser bildlich begleiten. Sie proben ihre Aufführung. In einer weiteren Stunde führen die Schüler ihre Geschichten als Schattenspiele vor. Es bietet sich an, gelungene Darstellungen am Elternabend oder auf dem Schulfest zu wiederholen.

Einfache, zeitsparende Variante:
Stellen Sie den Schülern Texte und vorgefertigte Figuren zur Verfügung.

8.1 Bao (Afrika / Asien)

Spielplan oder Brett mit 2 x 5 Mulden oder Kreisen, 40 Bohnen, Steinchen etc. für jedes Spielpaar

Bereiten Sie für die Schüler einen Spielplan und Spielsteine vor, oder lassen Sie dies die Schüler selbst machen.

Die beiden Spielpartner sitzen sich gegenüber, am besten auf dem Boden. In jede Mulde / in jeden Kreis des Spielfeldes werden vier Bohnen gelegt. Der erste Spieler nimmt alle Bohnen aus einer der Mulden / aus einem der Kreise seiner Reihe und verteilt die Bohnen neu. Dazu legt er je eine Bohne im Uhrzeigersinn in die nachfolgenden Mulden / Kreise, auch wenn sich diese in der Reihe des Mitspielers befinden. Abwechselnd nehmen die Spieler nun alle Bohnen aus einer Mulde / einem Kreis ihrer Reihe und verteilen sie wie beschrieben. Wenn die letzte Bohne eines Spielzuges in einem Kreis mit einer, zwei oder drei Bohnen abgelegt wird, darf der Spieler diese Bohnen herausnehmen. Gewonnen hat der Spieler, der am Ende die meisten oder als erster 24 Bohnen hat.

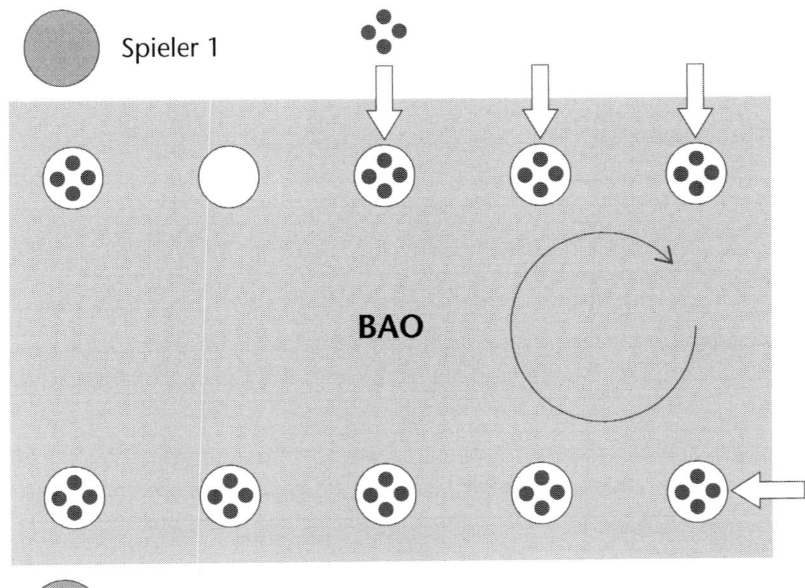

8.2 Kameljagd (Asien)

  10 Min. Kl. 5–7

Spielplan mit „Fußabdruck eines Kamels“: Spielkreuz und „Brunnen“, je zwei unterschiedliche Spielsteine für jedes Spielpaar

Bereiten Sie für die Schüler einen Spielplan und Spielsteine vor, oder lassen Sie dies die Schüler selbst machen.

Zu Beginn setzen die Spieler abwechselnd ihre Spielsteine an den Kreisrand des Spielfeldes. Dann schiebt jeder Spieler abwechselnd einen seiner Spielsteine auf ein freies innenliegendes Feld. Vorsicht, über den Brunnen kann nicht gezogen werden. Das Spiel geht so lange, bis ein Schüler nicht mehr ziehen kann. Da haben die Kamele dann geschlafen.

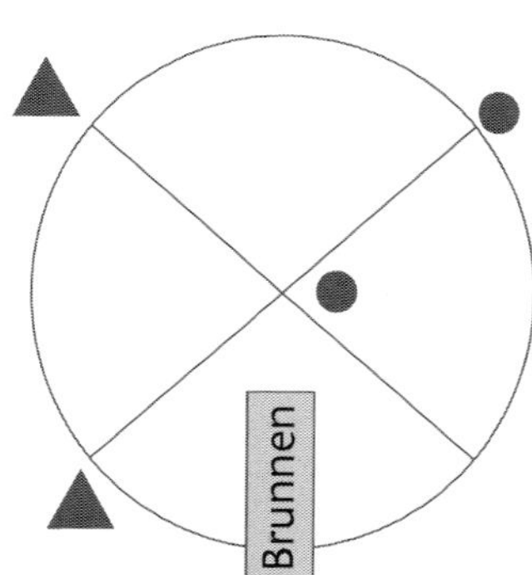

8.3 Orangenspiel (China)

10 Min. Kl. 5–10

zwei Orangen oder besser Tennisbälle

keine

Eine Spielgruppe gerader Anzahl und mit mindestens zehn Teilnehmern stellt sich im Kreis auf. Es wird abgezählt 1, 2, 1, 2 usw. Alle Kinder mit 1 bilden eine Mannschaft, alle Kinder mit 2 ebenso. Jede Mannschaft bekommt einen Ball. Dieser wird auf das Signal des Spielleiters im Kreis von einem Mannschaftsmitglied zum anderen geworfen. Wer seinen Ball fallen lässt, scheidet aus, ebenso, wer mit dem Ball einen gegnerischen Spieler trifft. Entweder spielt man bis nur noch ein Mannschaftsmitglied übrig ist, oder man zählt nach fünf Minuten, welche Mannschaft noch die meisten Leute im Spiel hat.

Variante 1: Beide Mannschaften werfen in dieselbe Richtung.
Variante 2: Jede Mannschaft wirft in eine andere Richtung.

8.4 Afrikanische Mühle

 10 Min. **Kl. 5–10**

Spielplan, je drei unterschiedliche Spielsteine für jedes Spielpaar

Bereiten Sie für die Schüler einen Spielplan und Spielsteine vor, oder lassen Sie dies die Schüler selbst machen.

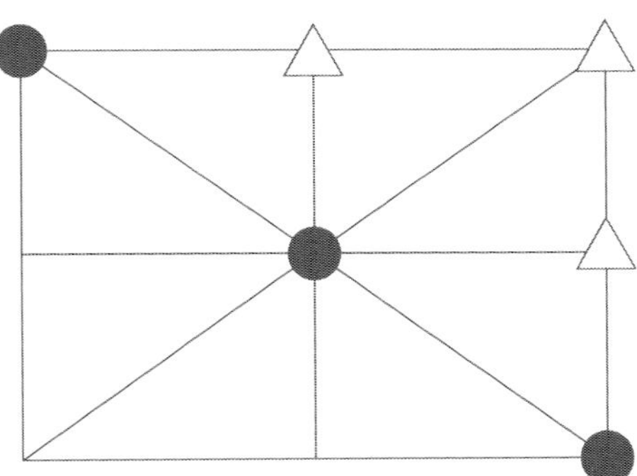

Zu Beginn setzen die Spieler nacheinander je einen Spielstein auf einen Knoten- oder Eckpunkt des Spielfeldes. Wer an der Reihe ist, schiebt einen seiner Steine auf einen anderen Punkt. Ziel ist es, eine Mühle zu bilden, d.h. der Spieler, der mit seinen drei Steinen eine waagrechte, diagonale oder senkrechte Reihe bildet, hat gewonnen.

8.5 Ioshomi (Türkei)

  5 Min. **Kl. 5–10**

großer Becher, Packung Bohnen (500 g), Papier und Stifte für jede Spielgruppe

keine

Alle Bohnen kommen in den Becher. Reihum nimmt jeder Spieler eine unbestimmte Anzahl von Bohnen aus dem Becher. Das geht so lange, bis ein Spieler „Ioshomi" ruft. Dann nimmt niemand mehr etwas aus dem Becher und jeder Spieler versucht zu schätzen, wie viele Bohnen noch im Gefäß sind. Das schreibt jeder auf sein Blatt. Wer der richtigen Anzahl am nächsten kommt, hat gewonnen.

8.6 Shash na panj (Afghanistan)

mind. 20 Spieler

10 Min.

Kl. 5–8

keine

Bereiten Sie Kärtchen mit fortlaufenden Zahlen, die mindestens um 10 höher liegen als die Anzahl der Mitspieler, vor.

Im Stuhlkreis werden die Nummern gezogen. Jeder muss sich seine bzw. die Nummern der Mitspieler genau merken. Der Lehrer ruft eine Zahl. Der Schüler mit dieser Nummer ruft blitzschnell eine andere Nummer usw. Es scheidet aus, wer eine Nummer nennt, die es nicht gibt. Ebenso scheidet aus, wer zu lange überlegt. Gewonnen hat, wer als letzter übrig bleibt, oder wer nach fünf Minuten noch im Spiel ist.

Variante speziell für den Ethikunterricht:

Statt Zahlen können auch Begriffe aus dem Grundwissen oder zu einem Themenbereich verteilt werden.

8.7 Schneeballwerfen (Russland)

5 Min.

Kl. 5–7

zusammengeknüllte Zeitungsseite als Schneeball für jeden Spieler; Seil, Klebeband oder Kreide für die Mittellinie

Stellen Sie die Möbel auf die Seite und markieren Sie mit dem Seil / Klebeband eine Mittellinie. Auf dem Schulhof können mit Kreide zwei Spielfelder gekennzeichnet werden.

Die Schüler werden in zwei gleich große Mannschaften aufgeteilt, bei ungerader Schülerzahl übernimmt der einzelne Schüler die Rolle des Spielleiters. Die Mannschaften stellen sich in je einem Spielfeld auf. Auf ein Signal werfen alle ihren Schneeball in das Feld des Gegners. Bälle, die im eigenen Feld landen, müssen schnell zurückgeworfen werden. Die Zeit wird gestoppt. Die Mannschaft, die nach drei Minuten die wenigsten Schneebälle im Feld liegen hat, gewinnt.

8.8 Nichts hören (Korea)

7 Min.
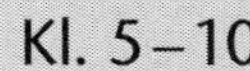
Kl. 5–10

keine

keine

Die Schüler sitzen im Stuhlkreis. Ein Schüler beginnt und hält sich beide Ohren zu. Sein linker Sitznachbar hält sich mit der rechten Hand das rechte Ohr zu, der rechte Nachbar mit der linken Hand das linke Ohr. Der Spieler nimmt die Hände von den Ohren und zeigt auf einen anderen Schüler. Er und seine Nachbarn müssen so schnell wie möglich die entsprechenden Positionen einnehmen. Je schneller das geschieht, desto lustiger wird das Spiel. Wer zu lange braucht oder etwas falsch macht, scheidet aus.

8.9 Gordischer Knoten (Philippinen)

10 Min.
Kl. 5–10

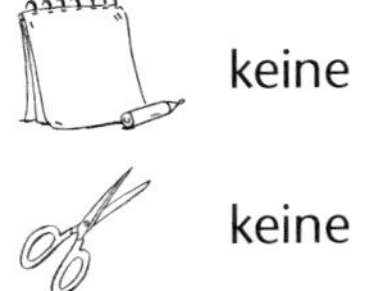
keine

keine

Die Schüler stellen sich im Kreis auf, schließen die Augen und strecken die Hände nach vorne. Sie bewegen sich dann langsam zur Kreismitte und ergreifen mit jeder eigenen Hand eine andere, nur nicht die des direkten Nachbarn. Wenn alle Hände gefasst sind, werden die Augen geöffnet. Nun muss die Gruppe versuchen, den Knoten zu entwirren, sodass ein Kreis (manchmal auch zwei!) entsteht. Dabei darf keine Hand loslassen! Bei jüngeren Schülern oder unerfahrenen Gruppen sollte zur Entwirrung ein Spielleiter bestimmt werden, der durch konkrete Ansagen den Knoten auflöst, z. B. „Julia, steige bitte nach links über die Hände von Yasemin und Tim“.

ein Zettel in den Farben Grün, Rot und Weiß für jeden Schüler; drei „Umzugskartons" (Schuhkarton etc.)

Schreiben Sie an die Tafel, auf Folie oder auf Plakate folgende Sätze: Das nehme ich mit / habe ich gelernt … (grün = mitnehmen); Das möchte ich noch wissen / habe ich nicht verstanden … (weiß = klären); Das möchte ich wegwerfen, anders machen, nicht mitnehmen, nicht mehr tun … (rot = wegwerfen)

Zum Abschluss einer Diskussion, Unterrichtsstunde oder Themeneinheit teilen Sie an jeden Schüler je einen Zettel in jeder Farbe aus. In Einzelarbeit vervollständigen die Schüler die Sätze mit ihren eigenen Gedanken und werfen sie dann in die entsprechende Umzugskiste. Wenn alle fertig sind, stellen Sie die Umzugskartons in die Mitte des Stuhlkreises und leeren zunächst den Karton „Mitnehmen" aus. Reihum stehen die Schüler auf, gehen in die Mitte, heben einen Mitnahmezettel auf, lesen ihn laut vor und legen ihn zurück in die Mitnahmekiste. Je nach Absprache kann jeder Schüler, der noch etwas dazu sagen möchte, direkt nach dem Vorlesen oder in einer Schlussrunde etwas zu einzelnen Nennungen sagen. Mit den beiden anderen Kartons wird entsprechend verfahren. In manchen Fällen bietet es sich an, die Kartons aufzuheben und später wieder darauf zurückzukommen.

Abschluss eines Lernzirkels zum Thema Freundschaft

Mitnehmen: Ich habe gelernt, dass man auch mal nachgeben muss und viele Dinge zu zweit einfacher sind.

Klären: Ich habe nicht ganz verstanden, warum Anna und Mareike in der Geschichte nicht befreundet sein wollen.

Wegwerfen: Ich möchte nicht gleich beleidigt sein, wenn mein Freund eine andere Meinung hat als ich. Ich mag keine Aufgaben, bei denen man so viel schreiben muss.

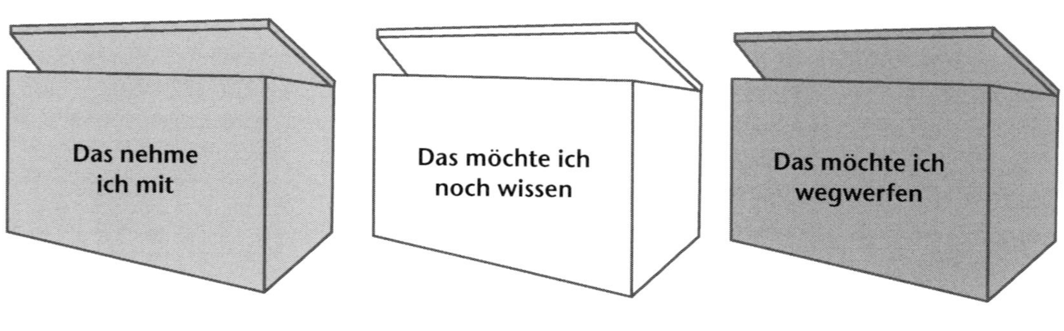

9.2 Der Schlusssatz macht die Runde

 5 Min.

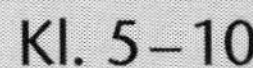

Kl. 5–10

keine

Bereiten Sie entsprechende Kärtchen mit den gewünschten Satzanfängen vor.

Die Gruppe stellt sich im Kreis auf (geht schneller als ein Stuhlkreis) und Sie schicken das erste Kärtchen nach rechts auf die Reise. Jeder Schüler nimmt das Kärtchen und vervollständigt den Satz. Je nach Zeit und Bedarf können Sie bis zu drei Kärtchen laufen lassen.

Klassische Dreierrunde: Am besten hat mit heute gefallen, … / Neu war für mich, … / Bis zum nächsten Mal nehme ich mir vor, …

weitere Möglichkeiten: Ich habe heute gelernt, … / Das fand ich heute nicht gut, …

9.3 Ordensverleihung

 10 Min.

Kl. 5–7

keine

Bereiten Sie entsprechend der Schülerzahl kleine Orden vor (Knöpfe, Schokoladengeld, Kreise aus Goldfolie, bunte Schleifen etc.).

Jeder Schüler bekommt einen Orden und überlegt sich, wofür ein Mitschüler heute einen Orden verdient hätte. Ein Schüler beginnt und verleiht mit Begründung seinen Orden. Der Empfänger verleiht daraufhin seinen Orden usw. Das Spiel endet, wenn jeder einen Orden verliehen und einen erhalten hat.

Variante: Es werden Zettel mit den Namen der Schüler verteilt. Dann bekommt sicher jeder einen Orden.

Sven bekommt einen Orden, weil er heute nur einmal dazwischengerufen hat. **Laura** erhält einen Orden, weil sie so viel über … gewusst hat. **Tarek** bekommt einen Orden, weil er immer lächelt. **Mirijam** bekommt einen Orden, weil mir ihre Ohrringe so gut gefallen …